AF590481

CATALOGUE

D'UN

BEAU MOBILIER

STYLE LOUIS XVI

Ayant été fourni

Par les Maisons JANSEN et MATI

Salon en tapisserie d'Aubusson

Bibliothèque, Bureau, Tables en bois de luxe et marqueterie ornés de bronzes

Piano crapaud de STEINWAY et SONS

Chambres à coucher et Cabinet de toilette en bois sculpté et laqué

Salle à manger de style Renaissance

Petit Salon et Boudoir en bois doré et dans le goût oriental

OBJETS D'ART

Marbres de Mathurin MOREAU et de CASSAIGNE

PHRYNÉ en ivoire, de Joë DESCAMPS

Porcelaines montées, Bronzes de SUSSE, CROSNIER, etc., etc.

Appareils d'éclairage électrique de la Maison Henri BEAU

TABLEAUX — GRAVURES — LIVRES

ARGENTERIE DE TABLE

Riches Tentures, Broderies d'Orient, Coussins en dentelles

DONT LA VENTE AURA LIEU

HOTEL DROUOT, SALLE N° 1

Les Vendredi 25 et Samedi 26 Février 1910

à deux heures

Mᵉ HENRI BAUDOIN
COMMISSAIRE-PRISEUR
Successeur de M. PAUL CHEVALLIER
10, rue Grange-Batelière

M. ARTHUR BLOCHE
EXPERT
PRÈS LA COUR D'APPEL
21, boulevard Haussmann

Chez lesquels se distribue le présent Catalogue

EXPOSITION PUBLIQUE

Le Jeudi 24 Février 1910, de 2 heures à 6 heures

CONDITIONS DE LA VENTE

Elle sera faite au comptant.

Les adjudicataires paieront *dix pour cent* en sus des enchères.

L'exposition mettant le public à même de se rendre compte de l'état et de la nature des objets, aucune réclamation ne sera admise une fois l'adjudication prononcée.

Dans l'intérêt de la vente, les experts se réservent la faculté de diviser les lots.

Paris — Imp. de l'Art, CH. BERGER, 41, rue de la Victoire.

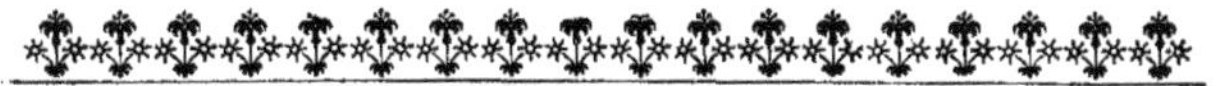

DÉSIGNATION

MOBILIER

1 — Ameublement de salon, composé d'un canapé et quatre bergères en bois sculpté et doré, dessin à guirlandes de roses, couverts en fine tapisserie d'Aubusson représentant des gerbes de fleurs sur fond crème. Style Louis XVI. Ayant été fourni par la *Maison Mati*.

2 — Piano crapaud, de *Steinway et Sons*, de New-York.

3 — Bibliothèque, ouvrant à trois portes pleines dans le bas et grillagées dans le haut, celle du milieu en ressaut, tout en bois de luxe et marqueterie de bois de couleur à losanges. Elle est garnie de bas-reliefs à jeux d'amours, de guirlandes de fleurs, et de montants à cariatides de femmes en bronze ciselé et doré et repose sur huit pieds en bronze. Dessus de marbre blanc, avec galerie de cuivre. Style Louis XVI. De *Jansen*.

4 — Bureau à cylindre dans le même goût. Style Louis XVI. De *Jansen*.

5 — Table dans le même goût. Style Louis XVI. De *Jansen*.

6 — Devant et tablette de cheminée en bois sculpté et doré sur fond de glace, dessin à guirlandes et couronnes suspendues à un nœud de ruban. Style Louis XVI. De *Mati*.

7 — Porte en bois laqué blanc, le haut grillagé orné d'une gravure en couleur, encadrement en bois doré à nœud de ruban et guirlandes. Style Louis XVI. De *Mati*.

8 — Devant de cheminée en bois sculpté et doré sur fond de glace, décor à torche enflammée et carquois, accompagné d'une jardinière. Style Louis XVI. De *Mati*.

9 — Ameublement de petit salon, composé d'un canapé, deux marquises et quatre chaises en bois sculpté et doré, offrant des médaillons à têtes de personnages enguirlandés de roses et de rinceaux feuillagés, foncés de canne dorée, avec coussins et têtières en soie crème brochée à bouquets de fleurs en polychrome. Style Louis XVI. De *Mati*.

10 — Banquette de piano, de même travail. De *Mati*.

11 — Quatre tabourets de pieds en bois sculpté et doré, recouverts en soie analogue. De *Mati.*

12 — Table de salon en bois sculpté et doré, bandeau ajouré orné de coquilles et de guirlandes de fleurs ; pieds reliés par un entrejambe surmonté d'un brûle-parfums ; dessus en marbre veiné. Style Louis XIV.

13 — Paravent en bois laqué blanc et doré, à quatre feuilles ornées de glaces et présentant dans le haut des peintures allégoriques aux Quatre Saisons. Style Louis XV. De *Mati.*

14 — Guéridon rond en bois sculpté et doré, bandeau à rinceaux feuillagés ; dessus de marbre. Style Louis XVI.

15 — Support en bois sculpté et doré, à têtes de boucs et guirlandes, et reposant sur trois pieds. Style Louis XVI. De *Mati.*

16 — Table gigogne, ornée de peintures genre vernis Martin sur fond d'or.

17 — Colonne en onyx, base et chapiteau corinthien en bronze ciselé et doré. Style Louis XVI.

18 — Guéridon en bois sculpté et doré, bandeau ajouré avec tablette d'entrejambe cannée ; dessus en marbre. Style Louis XVI.

19 — Tabouret en bois sculpté et doré, pieds cannelés; dessus en soierie rouge brodée à fleurs de lys. Style Louis XVI. De *Mati*.

20 — Guéridon en bois sculpté et doré, dans le même goût; entrejambe foncé de canne; dessus en marbre. De *Mati*.

21 — Canapé et deux chaises en bois sculpté et doré, foncés de canne; avec coussins en soierie rouge brochée ton sur ton. Style Louis XVI. De *Mati*.

22 — Gaine en marqueterie de bois, ornée de bronzes dorés, brûle-parfums, cornes d'abondance, mascarons et attributs de musique. Style Louis XVI.

23 — Petite console en bois sculpté et doré, dessin à torche enflammée et guirlande de roses; dessus en onyx. Elle est surmontée d'une étagère d'applique à fond de glace. Style Louis XVI. De *Mati*.

24 — Ameublement de chambre à coucher en bois sculpté et laqué blanc, foncé de canne, dessin à guirlandes de roses suspendues par des nœuds de ruban, style Louis XVI; composé de: 1° un grand lit de milieu, accompagné de sa literie; 2° une grande armoire à trois portes, celle du milieu en ressaut garnie de glaces biseautées, les battants latéraux grillagés; 3° une table de nuit à dessus de marbre et de glace.

25 — Marquise en bois sculpté, laqué blanc et peint, décor à guirlandes de roses et rubans enroulés, recouverte en étoffe fond blanc. Style Louis XVI.

26 — Deux chaises de même style.

27 — Guéridon de même style; dessus en marbre, avec tablette d'entrejambe cannée.

28 — Table à coiffer de même style à fond de glace.

29 — Ameublement de chambre à coucher en bois sculpté et laqué blanc, de style Louis XVI, composé d'un grand lit de milieu, dessin à nœuds de ruban, montants à colonnettes détachées, accompagné de sa literie, d'une armoire ouvrant à trois portes ornées de glaces biseautées et d'une table à trois étagères à dessus de glace. Travail de *Mati.*

30 — Glace psyché triptyque, encadrement en bois laqué blanc à perlés et rubans enroulés, garnie de deux étagères à tiroirs et à dessus de glace, avec deux lumières électriques. Style Louis XVI. De *Mati.*

31 — Chaise légère en bois sculpté et doré, dossier à chutes de perlés et guirlande retenue par un ruban; pieds cannelés; dessus en broderie sur fond de soierie rose. Style Louis XVI. De *Mati.*

32 — Chaise-longue en bois sculpté et doré, couverte de canne et de soie rose brochée blanc, capitonnée. Style Louis XVI. De *Mati.*

33 — Petite table à trois étagères en bois sculpté et doré; dessus en marbre. Style Louis XVI. De *Mati.*

34 — Petit paravent devant de feu, ouvrant à trois feuilles en bois sculpté et doré, garnies de petites glaces biseautées et d'une gravure suspendue à un nœud de ruban. Style Louis XVI. De *Mati.*

35 — Glace trumeau, encadrement en bois laqué blanc orné de sculptures en bois doré, offrant sur le devant un médaillon renfermant une gravure en couleur : l'Amour à l'arc, suspendu à un nœud de ruban. Style Louis XVI. De *Mati.*

36 — Deux dessus de portes, encadrements en bois laqué blanc et sculpté, décor à nœuds de rubans et guirlandes, présentant des gravures à jeux d'amours en camaïeu. Style Louis XVI. De *Mati.*

37 — Table à coiffer, de forme rognon, en bois sculpté, laqué en blanc et en couleur, rehaussé de dorure, offrant une jardinière fleurie ; dessus de glace. Style Louis XVI. De *Mati.*

38 — Fauteuil en bois sculpté, accompagnant la table à coiffer. Style Louis XVI. De *Mati.*

39 — Chaise légère en bois laqué blanc, foncée de canne dorée. Style Louis XVI.

40 — Ameublement de salle à manger en bois sculpté, composé de : 1° un buffet d'aspect architectural, le corps du haut, à voussure et ouvrant à deux portes pleines sculptées, dessin à musiciens et guerriers, est supporté par deux statuettes de personnages ; le corps du bas ouvre à trois tiroirs et trois portes ; 2° une desserte ; 3° une table à deux rallonges ; 4° six chaises couvertes en cuir. Style Renaissance.

41 — Étagère à gâteaux, incrustée de cuivre.

42 — Bureau à cylindre, tout en marqueterie d'ivoire et de bois de diverses essences, décor dit mosaïque, offrant à l'intérieur l'entrée d'un temple ; le corps du haut est supporté par des arcades en bois ajouré. Travail oriental.

43 — Fauteuil de bureau de même travail ; siège et dossier en cuir repoussé à inscription. Travail oriental.

44 — Guéridon de même travail.

45 — Tabouret en bois noir incrusté de nacre et d'ivoire. Travail oriental.

46 — Tabouret en bois incrusté de nacre et d'ivoire, décor géométrique. Travail oriental.

47 — Tabouret en bois noir incrusté de nacre et d'ivoire. Travail oriental.

48 — Tabouret en bois sculpté à inscription. Travail oriental.

49 — Table avec tablette d'entrejambe et abattants en bois sculpté et incrusté. Travail oriental.

50 — Sofa avec coussin en étoffe rouge capitonnée.

51 — Sofa recouvert d'étoffe rouge.

52 — Pouf recouvert de velours rouge brodé d'or et de soie. Travail oriental.

53 — Plusieurs glaces. (Seront vendues séparément.)

54 — Toilette en bois laqué, dessus en marbre rouge veiné, à deux robinets et cuvette en porcelaine décorée, de la *Maison Porcher*, surmontée d'une glace à encadrement gainé de soierie jaune.

55 — Toilette en bois laqué blanc, avec double robinet et porte-bijou, dessus en marbre vert veiné, de la *Maison Porcher*, surmontée d'une glace à encadrement en bois laqué blanc.

55 *bis* — Deux panneaux en bois laqué blanc divisés par compartiments avec glaces.

SCULPTURES, BRONZES

56 — Groupe en marbre blanc : le Passage du gué, de *Mathurin Moreau*. Signé. Socle en marbre de couleur.

57 — Statuette de Phryné en ivoire sculpté; socle en malachite. Œuvre de *Joë Descamps*. Signée. Sous vitrine. Édition de la *Maison Susse*.

58 — Statuette en marbre blanc, allégorique à l'Ivresse, représentée sous les traits d'une jeune femme tenant deux coupes et s'appuyant sur un aigle aux ailes déployées. Signée : *Cassaigne*.

59 — Buste de femme en marbre blanc et bronze patiné; socle en bois sculpté et doré, de style Louis XVI.

60 — Statuette de baigneuse en marbre.

61 — Paire de candélabres en marbre blanc, formés par des vases posant sur des fûts de colonnes cannelées, d'où émergent des bouquets à six lumières électriques en bronze ciselé et doré. Style Louis XVI.

62 — Groupe de coursier romain en bronze, sur char à patine dorée et retenant deux chevaux fougueux se cabrant. Signé : *Lecourtier* et daté : *1904*.

63 — Baromètre-thermomètre en bronze ciselé et doré, à nœud de ruban, cornes d'abondance et têtes de chérubins, orné de plaques en biscuit de Wedgwood. Style Louis XVI.

64 — Deux candélabres, formés par des statuettes de berger et bergère, en porcelaine de Saxe, assis sur des rochers d'où émergent des branches à cinq lumières électriques et reposant sur des bases en bronze ciselé et doré. Style Louis XVI.

65 — Lustre en bronze ciselé et doré à douze lumières électriques, formé d'un brûle-parfums émaillé, accosté de têtes de femmes et de têtes de béliers, garni de cristaux. Style Louis XVI. De *Henri Beau et Cie*.

66 — Flambeau-bouillote à trois lumières électriques en bronze ciselé et doré, décor à brûle-parfums posé sur colonne cannelée, avec abat-jour en soierie. Style Louis XVI.

67 — Paire de girandoles à quatre lumières, pouvant former flambeaux, en bronze argenté. Style Louis XVI.

68 — Plat en émail cloisonné, décor à volatiles sur fond noir.

69 — Bouton électrique, formé d'une statuette de petite fille tenant une boule en bronze doré, signée : *A. Forestier*. Édition de *Susse Frères*.

70 — Thermomètre en bronze.

71 — Deux statuettes d'enfants en bronze patiné, d'après *Clodion;* socles en marbre.

72 — Lustre en bronze ciselé et doré, formé d'une jardinière style vannerie, d'où s'échappent six branches à six lumières électriques ornées de fleurettes en porcelaine. De *Henri Beau et Cie*.

73 — Paire d'appliques en bronze ciselé et doré, dans le même goût. De *Henri Beau et Cie*.

74 — Lustre en bronze doré et cristal, formé d'une jardinière d'où s'échappent six branches à six lumières électriques ornées de fleurettes en porcelaine. Style Louis XVI. De la *Maison Henri Beau et Cie*.

75 — Deux appliques à deux lumières électriques dans le même goût. De la *Maison Henri Beau et Cie*.

76 — Lustre de salle à manger en bronze ciselé et doré à neuf lumières électriques, offrant au centre un brûle-parfums et orné sur les côtés de statuettes d'enfants. De la *Maison Henri Beau et Cie*.

77 — Deux candélabres à une lumière électrique, formés par des statuettes en porcelaine sous des bosquets en bronze doré et cristaux taillés et ornés de fleurettes. Style Louis XVI. De *Mati*.

78 — Buste de Marie-Antoinette en marbre blanc. Socle en bois sculpté et doré, à nœud de ruban et guirlandes de fleurs. Style Louis XVI.

79 — Flambeau à une lumière électrique en bronze ciselé et doré, avec abat-jour. Style Louis XV.

80 — Cartel suspendu à un nœud de ruban avec draperie en bronze ciselé et doré, sur fond de bois laqué blanc. Style Louis XVI. Travail de *Susse Frères*.

81 — Paire d'appliques en bronze doré, formées par des cariatides de femmes portant des branches à deux lumières électriques. Style Louis XVI.

82 — Garniture de cheminée, composée d'une pendule et deux candélabres à deux lumières électriques en biscuit et bronze doré, décor à personnages d'après BOUCHER; cadran signé : *Crosnier*. Style Louis XVI.

83 — Deux plateaux en cuivre ciselé et gravé. Travail oriental.

84 — Pendule d'applique avec chaîne de suspension en cuivre ciselé, gravé et ajouré. Travail oriental.

85 — Aiguière avec bassin en cuivre gravé, décor à nombreux personnages et cavaliers. Travail oriental.

86 — Petite jardinière à suspendre en cuivre peint et gravé. Travail oriental.

87 — Lanterne à cinq lumières électriques en cuivre ciselé et ajouré. Travail oriental.

88 — Paire d'appliques à trois lumières électriques, de même travail.

89 — Petite lanterne en cuivre ajouré. Travail oriental.

90 — Aiguière avec bassin en cuivre ciselé et incrusté d'argent. Travail oriental.

91 — Paire de vases, de même travail.

92 à 100 — Lot de dix-neuf pièces : animaux, vases, aspergeoirs, sébiles, cendriers, bonbonnières, en bronze et cuivre ciselé, gravé et incrusté. Travail oriental. (Seront divisés.)

101 — Narghilé sur socle, en cuivre ciselé gravé et incrusté, décor à inscriptions et ornements. Travail oriental.

102 — Coffret en métal, décoré en relief.

103 — Aiguière avec bassin incrustés d'or, décor à fleurs et feuillages. Travail oriental.

104 — Grande jardinière sur colonne tout en cuivre ciselé, gravé et ajouré, décor à personnages, animaux et ornements variés. Travail oriental.

105 — Deux plateaux en cuivre ciselé, gravé et incrusté d'argent, décor à inscriptions. Travail oriental.

106 — Paire de vases en cuivre ciselé et incrusté, de même travail.

107 — Jardinière en cuivre ciselé, de même travail.

108 — Cruche en cuivre ciselé, de même travail.

109 — Brûle-parfums tripode en cuivre ciselé, de même travail.

110 — Coffret en cuivre ciselé, de même travail.

111 — Flambeau électrique, forme serpent, en cuivre ciselé et ajouré. Travail oriental.

111 *bis* — Petite lanterne en cuivre, garnie de pierres de couleur. Travail dans le goût oriental.

PORCELAINES, FAIENCES

112 — Groupe de cinq amours et d'un bouc en biscuit émaillé.

113 — Deux vases en porcelaine genre de Sèvres, décor à jetées de fleurettes.

114 — Groupe de quatre personnages en porcelaine, représentant la Partie de musique.

115 — Paire de vases en porcelaine allemande, décorée de sujets mythologiques et accostés de deux statuettes de femmes ; couvercles surmontés d'écussons accompagnés d'amours.

116 — Groupe en biscuit et bronze doré : Scène d'intérieur. Signé : *N. Sailly*.

117 — Deux groupes en porcelaine allemande : l'Éducation du petit chien.

118 — Deux statuettes de personnages assis en porcelaine décorée.

119 — Jardinière en porcelaine genre de Sèvres, décorée par bandes de guirlandes de fleurs et ornée de têtes de béliers.

120 — Paire de vases, de forme allongée, en porcelaine genre de Sèvres, fond bleu turquoise rehaussé d'or, décor à fleurs; socles en bronze.

121 — Brûle-parfums en porcelaine, décoré de médaillons de fleurs réservés sur fond rose; monture en bronze ciselé et doré.

122 — Jardinière en biscuit, décorée en relief; monture en bronze ciselé et doré. Style Louis XVI.

123 — Grande jardinière en porcelaine genre de Sèvres, décorée par bandes de fleurettes et ornée de têtes de béliers.

124 — Paire de vases en porcelaine de Niederwiller, fond rose, à décor dit œil de perdrix, avec réserves de paysages en polychrome, décorées de mascarons et de guirlandes en biscuit.

125 — Deux statuettes de duellistes en porcelaine.

126 — Tasse-trembleuse avec soucoupe et deux bonbonnières en porcelaine décorée.

127 — Paire de petits vases en porcelaine genre de Sèvres, décor à semis de fleurettes.

128 — Garniture, composée d'une potiche couverte et de deux vases en faïence de Delft, décor bleu à personnages.

129 — Deux groupes en biscuit : les Enfants musiciens.

130 — Bouquetière en faïence, décor bleu à volatiles et fleurs.

131 — Quatre assiettes en porcelaine, décorée dans le goût de la famille rose.

132 — Plat à bord dentelé en faïence de Moustiers, décor à personnages.

133 — Compotier en faïence de Rouen, décor à la double corne et volatiles en polychrome.

134 — Deux plats en faïence du Midi, à décor polychrome.

135 — Coupe et deux assiettes en porcelaine décorée d'armoiries.

136 — Deux assiettes en porcelaine, décor à bouquets de fleurs, bordures fond bleu.

137 — Quatre compotiers et assiettes en faïence du Midi.

138 — Plat en porcelaine du Japon, décor à personnages.

139 — Vase en cristal, orné de dorure.

140 — Deux groupes d'enfants porteurs de cornes d'abondance en biscuit; socles en bois sculpté et doré à guirlandes de fleurs et nœuds de ruban. Style Louis XVI. De *Mati*.

141 — Pendule d'applique à musique, de style original, en bois sculpté.

142 — Deux appliques à quatre lumières électriques en bois sculpté et doré, formées de rubans enguirlandés de fleurs. Style Louis XVI. De *Mati*.

OBJETS DE VITRINE

143 — Coffret à bijoux, formé d'un piano à musique, orné d'émaux de couleur.

144 — Éventail avec feuille peinte à la gouache : Paysage animé d'un sujet galant. Monture en ivoire découpé à jour et peint. XVIIIe siècle.

145 — Miniature : Portrait de femme en costume rose, tenant un bouquet de fleurs. Cadre en bronze.

146 — Deux groupes de deux personnages sur éléphants en ivoire peint.

147 — Petit coffret ancien en bois sculpté.

148 — Bonbonnière en bronze ciselé, couvercle surmonté d'une miniature : Portrait de femme. Signée : *Duk.*

149 — Petit groupe en biscuit : Éléphant en biscuit ; thermomètre en bronze doré.

150 — Thermomètre et porte-montre en ivoire.

151 — Deux yatagans japonais.

OBJETS DIVERS

152 — Applique à deux lumières électriques.

153 — Radiateur à gaz.

154 — Lot de plantes stérilisées.

155 — Lot de baguettes dorées pour encadrement de panneaux, décor à perlés.

LIVRES

156 — Histoire Générale de la France en 39 volumes.

157 — L'Iliade d'Homère en 8 volumes.

158 — Les Fastes de la France, par Mullié, en 4 volumes.

159 — Lot de volumes divers. (Seront divisés.)

ORFÈVRERIE

160 — Service d'argenterie en argent ciselé à rocailles, de style Louis XV, composé de : dix-huit grands couverts, dix-huit grands couteaux à manches en nacre, dix-huit couverts d'entremets, dix-huit couteaux à lames en argent, dix-huit cuillers à café, dix-huit fourchettes à huitre, une louche, un service à découper, une pelle à glace, un service à poisson, dix-huit couteaux à poisson et un service à fruits. Renfermé dans un coffre.

161 — Quatre compotiers en cristal gravé, montures en vermeil ciselé. Style Louis XVI.

162 — Petite jardinière Empire en argent.

163 — Petit plateau ovale en vermeil ciselé à fond de glace.

164 — Brûle-parfums en argent ciselé. Travail oriental.

165 — Petit brûle-parfums en filigrane d'argent. Travail oriental.

166 — Deux flambeaux, forme colonnettes cannelées, en cristal, bases et chapiteaux en vermeil ciselé. Style Louis XVI.

167 — Bonbonnière Louis XVI en vermeil.

168 — Étui Louis XVI en vermeil, contenant trois flacons à l'intérieur.

169 — Deux aiguières en cristal taillé à côtes tournantes, montures en argent ciselé. Style Louis XV.

170 — Coupe sur piédouche en argent.

171 — Deux petits plateaux ronds en vermeil ciselé à fonds de glace.

172 — Deux flacons en cristal taillé, montures en argent.

TABLEAUX, GRAVURES

GARSON

173 — *Intérieur d'église.*
Signé et daté : *1824.*

CHARPENTIER (D'après)

174 — *Le Premier navigateur et Mélide.*
Gravure en couleur, par Mariage.

CHARPENTIER (D'après)

175 — Quatre gravures en couleur, par Mariage.

HENNER (D'après)

176 — *Portrait de Femme tenant un livre ouvert.*

177 — *Femme debout sous bois.*

C. L.

178 — *Portrait de Femme, vêtue de noir.*

LORDON (D'après)

179 — *Calipso jalouse d'Eucharis.*
Gravure en couleur.

N. R.

180 — *Femme couchée nue sous bois.*

PARMEZAN (Ecole du)

181 — *Portrait de Moïse.*

PIERDON

182 — *Paysage.*

TÉRISSE (J.)

183 — *Paysages.*

Deux aquarelles.

V. L.

184 — *Vénus et Mars (Dieu de la guerre).*

ÉCOLE FRANÇAISE

185 — *Portrait de Femme à corsage bleu décolleté.*

Pastel.
Cadre de style Louis XVI, surmonté d'une couronne.

ÉCOLE FRANÇAISE

186 — *Portrait de Femme à corsage décolleté, tenant une rose.*

Cadre en bois sculpté et doré, de style Louis XVI.

ÉCOLE FRANÇAISE

187 — *Portrait de Femme à costume blanc décolleté, avec plume dans les cheveux.*

Pastel.
Pendant du précédent.

ÉCOLE FRANÇAISE

188 — *Scène mythologique.*
Dessin à la sanguine.

ÉCOLE DE 1830

189 — *Paysages avec personnages.*
Deux pendants.

ÉCOLE MODERNE

190 — *Paysage algérien.*

191 — Six gravures en couleur. Cadres en bois sculpté et doré, à nœuds de ruban.

TENTURES, COUSSINS

192 — Deux décors de fenêtres molletonnées en satin crème broché ton sur ton, dessin à fleurs, garnis de dentelles; franges et embrasses en passementerie d'or; montés sur galeries avec supports et patères en bois sculpté et doré à guirlandes de roses. Style Louis XVI. De *Mati*.

193 — Grand décor de baie de même travail; encadrement en bois laqué blanc et guirlandes en bois doré. Style Louis XVI. De *Mati*.

194 — Lot de tentures murales en même étoffe.

195 — Grand coussin en velours rose et soie blanche brodés d'or et de soie.

196 — Coussin en satin crème brodé d'or et pailleté sur tulle.

197 — Trois coussins en moire ivoire brodée au passé et rubans rococo.

198 — Dessus de piano à queue en satin crème brodé d'or et de soie, dessin à branchages feuillagés et fleuris, orné d'applications de dentelle pailletée; bordure en passementerie d'or. Doublé en satin vert. De *Mati*.

199 — Ciel de lit formé d'une guirlande de roses en bois sculpté et laqué blanc, avec rideaux en taffetas rose garni de tulle brodé. Style Louis XVI. De *Mati*.

200 — Paire de rideaux de même travail. De *Mati.*

201 — Dessus de cheminée en satin rose, mousseline et dentelle, de même travail.

202 — Ciel de lit en bois sculpté et laqué blanc; rideaux en satinette bleu ciel et tulle brodé orné de rubans. Style Louis XVI. De *Mati.*

203 — Deux portières en moire bleu ciel brochée ton sur ton. De *Mati.*

204 — Dessus de cheminée en taffetas bleu et tulle brodé, de même travail.

205 — Deux rideaux avec bandeau et deux rideaux de vitrage en tulle blanc brodé orné de rubans bleus. De *Mati.*

206 — Panneau en satin crème brodé de fils d'or et de soie; bordure à franges. Travail oriental.

207 — Grand panneau en satin crème brodé d'or et de soie, dessins à arabesques feuillagées et fleuries. Travail oriental.

208 — Deux coussins longs en satin vert brodé. Travail oriental.

209 à 216 — Dix-huit coussins en soie, velours et satin brodés, à dessins variés. (Sera divisé.)

217 — Dessus de guéridon en velours blanc brodé, dessin à mosquée, pans et ornements. Travail oriental.

218 — Panneau en toile brodée de soie. Travail oriental.

219 — Deux dessus de coussins en satin et velours bleus brodés. Travail oriental.

220 — Trois portières en velours rouge orné de broderies d'or sur fond de soie, dessin à jardinières fleuries, garnies de franges.

221 — Portière molletonnée en soie vert d'eau, dessin par bandes rouges et jaunes. Travail oriental.

222 — Tenture murale de même travail.

223 — Trois décors de portes, formes entrées de mosquées, en soie rouge ornée d'applications de soie verte et jaune brodées d'or. Travail oriental.

224 — Encadrement de porte, de même travail, fond vert.

225 — Deux grandes glaces, encadrements en soie verte, ornées d'applications de broderies d'or et de soie. Travail oriental. De *Mati*.

226 — Cantonnière avec doubles rideaux, de même travail.

227 — Glace avec encadrement, de même travail. Travail oriental. De *Mati*.

228 — Cheminée recouverte de soie verte, de même travail. De *Mati*.

229 — Dessus de guéridon en soie rouge brodée d'or à inscription; bordure fond vert. Travail oriental.

230 — Grand panneau en satin crème brodé d'or et de soie, dessin à animaux fantastiques et rinceaux feuillagés et fleuris; bordure à franges. Travail oriental.

231 — Portière en satin crème brodé d'or et de soie ; bordure à franges d'argent. Travail oriental.

232 — Grande glace avec encadrement de soierie jaune et verte, forme entrée de mosquée. Travail oriental.

233 — Paire de rideaux de vitrage en tulle pailleté.

234 — Grand panneau en soie rouge brodée d'or ; bordure en velours. Travail ancien d'Orient.

235 — Tentures murales en étoffe tissée d'or et de soie. Travail oriental.

236 — Tentures en soie bleu ciel ornée d'applications d'étoiles et de croissants en cuivre.

237 — Dessus de guéridon en velours bleu brodé d'or, dessin à mosquée. Travail oriental.

238 — Paire de rideaux en soierie jaune ornée de bandes en blanc. Travail oriental.

239 — Tentures murales en même étoffe.

240 — Quatre brise-bise avec stores et lambrequins en taffetas moire brodé sur les deux faces en polychrome, dessin à fleurs.

241 — Deux portières en moire rouge brodée ton sur ton, dessin à bouquets de fleurs. De *Mati*.

242 — Quatre cantonnières en même étoffe, décor à lambrequins. De *Mati.*

243 — Tentures murales en même étoffe.

244 — Deux portières avec bandeaux en étoffe rouge garnie de franges.

245 — Deux cantonnières en même étoffe.

246 — Tapis de table en même étoffe.

247 — Portière avec embrasse en soie rouge.

248 — Portière avec bandeau en moire jaune brochée ton sur ton. De *Mati.*

249 — Lot de tentures murales en même étoffe.

250 — Portière avec embrasse en soie jaune.

251 — Paire de rideaux en tulle brodé orné de fines applications, dessin à fleurs ; garnis de rubans roses.

252 — Portière en tulle brodé orné de fines applications sur fond de soie rose, ornée de rubans.

253 — Lot de rideaux de vitrage.

254 — Lot de stores et panneaux.

255 — Huit rideaux de vitrage en tulle.

256 — Rosier avec jardinière en étoffe.

257 — Rideau en satin rose, garni d'application de dentelle véritable.

258 — Grand et beau coussin en satin rose et mousseline de soie, garni d'ancienne et vraie dentelle.

259 à 265 — Beaux coussins en satin rose et mousseline de soie, garnis en ancienne et vraie dentelle. (Sera divisé.)

266 — Deux dessus de cheminées recouverts de peluche rose, garnis de galons dorés.

267 à 271 — Plusieurs tapis en moquette rouge. (Sera divisé.)

272 — Lot de tringles et supports de rideaux en bois sculpté et doré, laqué et en noyer.

273 — Lot de plantes en étoffe.

274 — Objets non catalogués.

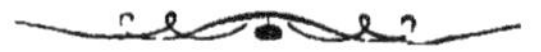

www.ingramcontent.com/pod-product-compliance
Ingram Content Group UK Ltd.
Pitfield, Milton Keynes, MK11 3LW, UK
UKHW022139260726
13993UKWH00005B/2044

9 782329 489865